Kornelia Holocher

Tiermotive auf Seide

Kornelia Holocher

Tiermotive auf Seide

EULEN VERLAG

Vorwort

Lustige Tiere, auf Seide gemalt, sind das Thema dieses Buches. Allerdings so vereinfacht dargestellt, daß sie leicht nachgemalt werden können. Es ist von Vorteil, wenn Sie etwas zeichnen können. Da aber einfache und schwierigere Illustrationen abgebildet sind, ist für jedes Talent etwas dabei. Die Motive lassen sich sehr gut als Streumuster oder Bordüre verwenden. Gerade bei Tüchern und Schals ist das sehr angebracht, da durch das Raffen und Binden viel vom Bemalten in Falten verschwindet. Diese Tiermotive kommen jedoch auch auf kleinster Fläche zur Geltung.
Da man mit den Tieren bestimmte Verhaltensweisen oder Vorstellungen verbindet, habe ich sie auf verschiedene Seidenqualitäten gemalt. Zum Beispiel paßt der Bär gut auf die grobe Wildseide und der Schmetterling besser zu Chiffon. Auch die unterschiedlichen Gegenstände stehen mit dem Motiv in Zusammenhang. So wurde das runde Kissen zum Wasserglas für die Fische und die Wirkung der kleinen Mäuse ist auf einer Fliege „riesengroß“.
Dies sind natürlich nur Anregungen, denn die Tierabbildungen bieten endlose Variationen.

Alle Artikel, die ich bemalte, ob Krawatten, Fliegen, Westen oder Shorts, gibt es, schon fertig genäht, im Handel zu kaufen. Fragen Sie in Ihrem Fachgeschäft nach. Viele Dinge lassen sich ja auch selbst nähen. In diesem Buch erkläre ich lediglich den zeichnerischen Ablauf und setze Grundkenntnisse in der Seidenmalerei voraus.

Technik

Meine Methode des Konturenzeichnens ist allen, die sich mit Seidenmalerei beschäftigen, bekannt: ich zeichne mit Konturenfarbe – die aus einer Plastikflasche mit Metalldüse fließt – die Umrisse und Details. Manchmal zeichne ich auch vorher mit dem Phantomstift eine kleine Skizze. Dies ist praktisch, weil sich die Zeichnungen nach kurzer Zeit verflüchtigen. Die konturierten Zeichnungen werden danach mit Seidenmalfarbe ausgemalt. Hierbei kann zum einen das Tier selbst farbig, der Umraum aber weiß gelassen werden, wie z. B. beim Katzenschal. Oder das Tier wird nur mit Konturenfarbe gezeichnet – wie bei der Hühnerweste – und der Umraum eingefärbt. So erscheint die weiße Seide als weiße Farbe. Eine weitere Variante ist, nur mit verschiedenfarbigen Konturenfarben zu zeichnen. Und natürlich kann auch sowohl das Motiv als auch der Hintergrund farbig gestaltet werden. Verfremdet man die Tiere durch untypische Farben, entsteht wieder ein neues Seherlebnis. Wünscht man eine harmonische Farbgestaltung, sollten Kontur und Farbe in einer Tonfamilie bleiben. Aber auch das Gegenteil bietet sich an, wie z. B. die Kombination von Komplementärfarben, etwa Rot/Grün. Denn alles ist möglich, der Phantasie sind keine Grenzen gesetzt. Die Formen meiner Tierschöpfungen sind der beste Beweis. Sie sind alle etwas verfremdet, vereinfacht oder auf Typisches reduziert. Aber gerade das macht ihren Reiz aus. Darum ist auch jeder Strich richtig, etwas ausfließende Farbe oder ein krummer Gänsehals machen die Tiere noch lebendiger und bewegter.
Seidenmalerei ist ein Hobby zum „inneren Loslassen“. Je unbefangener man an die Sache geht, desto besser – man kann ja kaum korrigieren. Darin sehe ich einen großen Vorteil. Hilfestellungen gibt es trotzdem: Man übt erst einmal auf einem Blatt Papier oder einem Stück Seide die verschiedenen Formen der Tierzeichnungen. Dann werden die Konturen mit Phantomstift vorgezeichnet. Wenn diese Zeichnungen stimmen, kann man sie mit Konturenfarbe nachziehen.
Ich rate Ihnen, das Malen auf dem Original an einer Ecke oder Stelle zu beginnen, die nicht so prägnant ins Auge fällt, bei einem Tuch zum Beispiel in der Mitte. Da jede Wiederholung des Motivs mehr Sicherheit im Malen bringt, werden die Ecken des Tuches dann sicherlich schön werden.
Das Naheliegende zum Schluß: schauen Sie sich die Tiere in der Natur und auf Fotos an.

BÄRENKÖPFE

Da der Bär so viele Freunde hat, wollen wir mit ihm beginnen. Der Bärenkopf in meinen Zeichnungen besteht nur aus Kreisen und Punkten, dazu ein Dreieck für die Nase. Ich beginne mit dem Kreis, der die Schnauze darstellt, da dieser Kreis immer ganz rund zu sehen ist. Sieht man den Bären direkt von vorne, liegt der Kreis für den Kopf darum herum. Bei einer Seitenansicht verschwindet dieser Kreis zum Teil hinter der Schnauze. Durch diese Überschneidung entsteht der Eindruck räumlicher Tiefe.

Die kleinen Halbkreise für die Ohren sitzen immer am oberen Kopfrand. Sitzen sie näher zusammen oder weiter voneinander entfernt, verändert sich der „Gesichts"-Ausdruck. Die Nasenspitze kann beim frontal abgebildeten Gesicht innerhalb des Kreises, der für die Schnauze gemalt wird, von oben bis unten ihren Platz finden.

Die Punkte für die Augen liegen zwischen den Ohren und der Nasenspitze und können auch hier etwas wandern.

Am freundlichsten sieht unser Bär aus, wenn die Augen nahe der Schnauzenlinie und nah beieinander stehen.

Seitlich gedrehte Köpfe zu malen, ist etwas schwieriger, da durch Augen und Nase die räumliche Wirkung vervollständigt wird. Sieht man den Bär im Profil, bekommt er bei mir trotzdem zwei Ohren, da er sonst etwas unfertig aussieht. Das Auge wird wieder zwischen Nase und Ohr plaziert. Die Nasenspitze wird auf die Schnauze gesetzt, wobei sie wieder etwas „wandern" kann.

Beim Dreiviertelprofil sitzt die Nasenspitze innerhalb des Kreises für die Schnauze, aber an den Rand geschoben.

KRAWATTEN

Im Handel gibt es Krawatten aus verschiedenen Seidenqualitäten. Das Bemalen ist jedoch bei allen gleich. Wenn die Konturenfarbe der Strichzeichnung getrocknet ist, male ich die Motive und danach – zügig, aber vorsichtig – den Hintergrund aus. Dabei ziehe ich mit dem Pinsel die Farbe auch auf die Rückseite bis zur Mittelnaht, wo die Farbe automatisch gestoppt wird. Bei mehreren Farben, wie bei einer der Bärenkrawatten, verteile ich die einzelnen Töne ungleichmäßig auf der Krawatte vorne und auf der Rückseite. Man kann aber auch

CASTLE

auf der Rückseite nahe an den Rändern zwei Längslinien mit Konturenfarbe ziehen. Sie dienen dann als Stopper für die Farbe der Vorderseite. Dann kann in Ruhe die Rückseite eingefärbt werden.
Nachdem die Krawatte fertig bemalt und getrocknet ist, wird sie dampffixiert. Da anschließend die überschüssige Farbe wieder ausgewaschen werden muß, trenne ich die Krawatte vorher auf und nehme die Einlage heraus. Die Seide mit dem Innenfutter spüle ich nun in klarem Wasser aus, bis sie nicht mehr ausblutet. Dann bügle ich sie vorsichtig trocken. Anschließend wird die Einlage wieder hineingelegt und die Seitenteile übereinandergeschlagen. Ich stecke sie zusammen und nähe sie von Hand zu.
Falls sich die Krawatte beim Malen verzogen hat, kann man diesen Mangel mit dem Bügeln und Zunähen wieder beheben. Wenn die Krawatte in geschlossenem Zustand gewaschen und trockengebügelt wird, entstehen an den Seiten zu harte Kanten.
Beim *Brillenetui* haben die Bären einen farbigen Hintergrund bekommen.

Katzen

Die lustigen Katzenköpfe lassen sich gut alleine oder mit Mäusen zusammen abbilden. Ich zeichne sie immer von vorne. Die Kopfform ist rund bis oval, je nachdem wie schwungvoll man zeichnet. Wenn Sie sich den Kopf als Zifferblatt vorstellen, sitzen die Ohren etwa bei 1 bis 2 Uhr und 10 bis 11 Uhr. Die Nase, die aus einem kleinen Bogen besteht, sitzt etwa in der Mitte der Scheibe. Aus dieser Mitte ziehe ich zwei halbkreisähnliche Linien nach rechts und links und habe so das lächelnde Mäulchen der Katze. Die dadurch entstandenen Bäckchen werden entweder mit Bartstoppeln wie beim Bären betupft oder bekommen lange Schnurrhaare. Die Augen zeichne ich recht nahe über die beiden Nasenflügel.
Den Körper der Katze sehe ich als querliegendes Rechteck, das an einer oberen Ecke den Kopf trägt. Dadurch gibt es keinen Hals. Die rundlichen Vorderbeine zeichne ich immer ohne Überschneidung nebeneinander. Die Pfötchen werden einfach durch eine kleine Verdickung dargestellt. Ebenso rundlich ist der erwartungsvoll nach oben gerichtete Schwanz, der ohne abzusetzen aus der Rückenlinie erwächst und ins Hinterbein übergeht. Dieses Hinterbein sieht man ganz. Es hat einen schwungvollen Oberschenkel, der in die Fläche des Körpers hineinragt und für einen dreidimensionalen Eindruck sorgt. Das dahinter liegende Bein wird so versetzt gezeichnet, daß man es gut sehen kann.
Sitzt die Katze frontal zum Betrachter, bekommt sie einen rechteckigen Brustkorb, der hochkant steht. Verlängert man die Seitenlinien, hat man die Vorderbeine fast fertig. Die Hinterbeine werden großzügig durch zwei gebogene Schenkel und abgespreizte Füßchen dargestellt. Der Schwanz schaut entweder hinter dem Oberkörper der Katze hervor oder liegt seitlich neben den Füßchen.
Bei einer seitlich sitzenden Katze wird die Rückenlinie einfach nach unten gezogen. Die Form des Hinterbeines ist wieder gleich, nur liegt jetzt der schmale Teil quer. Liegt eine Katze, runde ich den Körper zum Oval ab. Das Hinterbein sieht aus wie bei der sitzenden Katze und die fast versteckten Vorderbeine schauen nur noch als kleine Kugeln hervor. Katzen gebe ich besonders gerne

ungewöhnliche Farben und Muster ins Fell. Wenn man sie mit schwarz-gelben Streifen verziert, wird ganz schnell ein Tiger daraus.

ROTE BLUSENSCHLEIFE

Der rote Satinstreifen, mit Katzen und Mäusen bemalt, liegt doppelt und ist schräg geschnitten. Durch die leicht gebogene Form kann ich ihn nicht am Rahmen befestigen. Deshalb lege ich ihn so flach wie möglich vor mich hin.
Jetzt male ich die Katzen oder andere Motive mit dem Konturenmittel auf beide Seiten, denn zur Schleife gebunden, drehen sich die Seiten gern und die Tiere sollen ja überall zu sehen sein.
Wenn die Konturenfarbe auf beiden Seiten trocken ist, male ich die Motive aus. Damit die Farbe für die Abbildung nicht auf der Rückseite durchdrückt, hebe ich den Stoff im entsprechenden Bereich jeweils mit zwei Fingern etwas an. Ebenso mache ich es, wenn es an den Hintergrund geht. Ich bemale beide Seiten in einem Ansatz, indem ich den Stoff drehe; so arbeite ich von einer Spitze bis zur anderen. Auf Papier liegend trocknet das Schleifenband.

Damit die Tiere immer die richtige Laufrichtung haben, beginne ich mit den Zeichnungen jeweils von der Spitze bis zur Mitte, wo die Tiere dann Rücken an Rücken zusammentreffen.

KATZENSCHAL
Auch hier ist die Laufrichtung beim Bemalen zu berücksichtigen. Etwa in der Mitte treffen die Tiere Rücken an Rücken aufeinander.

Mäuse

Zu den Katzen gesellen sich die Mäuse. Sie bestehen nur aus Köpfen und Schwänzen, trotzdem hat man den Eindruck, daß sie ein recht flinkes Völkchen sind. Ein spitzwinkliges Dreieck bildet den Körper bzw. den Kopf. Die Ohren sind sehr groß und kreisförmig. Der geschlängelte Schwanz gibt einen Eindruck von der Schnelligkeit und Beweglichkeit der Mäuse und sitzt an der Grundlinie. Immer sind beide Augen zu sehen. Die Nasenspitze wird am äußersten Punkt mit einer anderen Konturenfarbe gezeichnet. Die lange Nase krönen Barthaare. Bei besonders kleinen Mäusen lasse ich die Barthaare weg.
Dieses witzige Motiv bietet sich für kleinere Gegenstände – wie z. B. Fliegen oder Haarschleifen – an, da es dicht gestreut besonders gut wirkt.

FLIEGEN
Fliegen, die man in verschiedenen Formen kaufen kann, und Schnittmuster zum Selbernähen bieten viele Möglichkeiten.
Die fertig genähte Fliege wird in der Mitte auseinander geknotet. Dieser Stoffstreifen ist gleichzeitig das Band, das um den Hals führt. Die Fliege selbst ist durch Zusammenfalten in drei Teile gelegt. Fliegenteil und Halsband bügle ich zuerst glatt. Dann zeichne ich die Motive mit Konturenfarbe auf das Drittel des Stoffes, das obenauf liegt. Auch auf dem Halsband wiederhole ich das Motiv ein paarmal, für den Fall, daß Stehkragenhemden getragen werden. Danach werden wieder die Motive und der Hintergrund mit Farbe ausgemalt. Mit dem Farbauftrag beginne und ende ich immer an den Nahtkanten, da dort Trockenränder weniger auffallen. Allerdings sind Trockenkanten für mich auch oft ein gestalterisches Element, das eine Fläche beleben kann. Gummizüge in den Halsbändern ziehe ich etwas mit gespreizten Fingern auseinander und male dann mit dem Pinsel darüber.
Auf den Mittelpunkt, der die beiden Flügel der Fliege teilt, wird nochmals ein kleines Motiv gemalt, damit diese Fläche zwischen den großen Teilen nicht trennend wirkt.
Danach folgen wieder Trocknen, Fixieren, Auswaschen und Trockenbügeln. Das lange Rechteck der Fliege wird wieder in Drittel zusammengelegt und mit

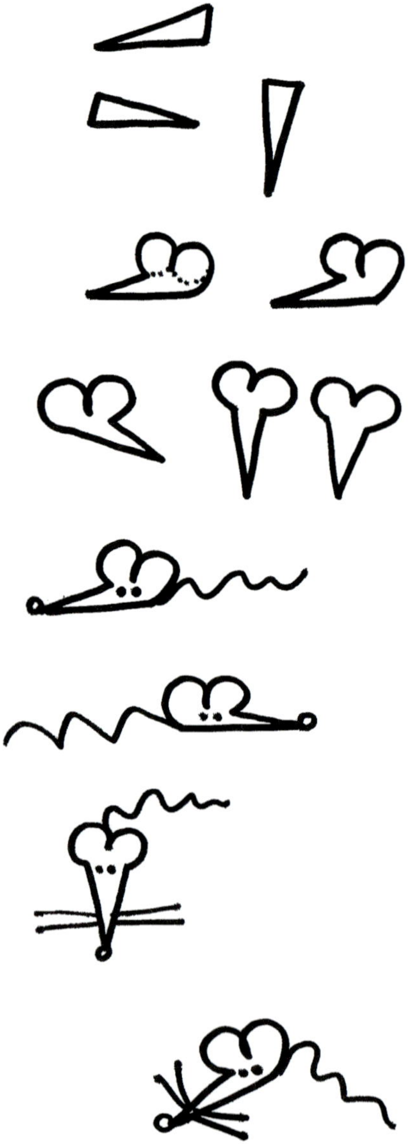

dem Band zusammengebunden. In die Stoffmitte lege ich wieder eine Falte ein.

KRAWATTENSCHAL MIT MÄUSEN

Der eigenwillige Schnitt des Herrenschals läßt sich nicht auf den Rahmen spannen. Ich lege den Stoff deshalb glatt vor mich hin und bemale ihn vorsichtig, ohne ihn zu verschieben. Wo der Stoff in einer Falte am Halsband angenäht ist, muß vorsichtig ein Überlappen des Stoffes vermieden werden, damit die Konturenfarbe der Motive nicht verwischt. Beim Bemalen des Hintergrundes beginne ich mit dem Halsband. Die Vorderseite bemale ich, indem ich die rückseitige Stofflage etwas in die Hand nehme, damit die beiden Schichten keinen Kontakt miteinander haben.
So fahre ich mit dem Pinsel vorsichtig um meine Motive herum und ziehe die Farbe bis an die Naht. Mit dem Fön trockne ich die Farbe etwas an und färbe dann die Rückseite ein, während ich die Vorderseite festhalte. Wieder trockne ich mit dem Fön schnell etwas an. Dadurch vermeide ich, daß die Motive von der Rückseite Kleckse abbekommen.

Nele
Nele 92

Löwen

Da Katze und Löwe weitläufig verwandt sind, zeichnen wir dem Löwen den gleichen Körper. Der Schwanz wird jedoch etwas dünner und bekommt ein Haarbüschel ans Ende. Der eigentliche Unterschied zwischen diesen beiden Tieren liegt an der Darstellung des Kopfes. Aus der Kreisform des Katzenkopfes ziehe ich die Ohren in einer Linie heraus; sie haben die Form wie beim Bären. Als besonders markantes Merkmal bekommt der Löwe ein ausgeprägtes Kinn. Da ich die Goldkonturenfarbe noch in der Hand habe, ziehe ich die Nasenlinien ein, sie verbreitern sich leicht nach unten. Mit schwarzer Kontur zeichne ich die Augenpunkte neben die oberen Enden der Nasenlinien. Unten werden diese durch eine dreieckige Nasenspitze geschlossen.
Aus der Mitte der Nasenspitze wiederum entsteht durch zwei freundliche Aufwärtsbogen der Mund. Der Löwe bekommt nur Bartstoppeln, da seine Mähne so beeindruckend ist. Die Mähne läuft in vielen kleinen Bögen um den Kopf oder endet rechts und links am Kinn. Beim Ausmalen seines Kopfes höre ich mit der Farbe so rechtzeitig auf, daß im

Stoppelbereich etwas weiße Seide übrig bleibt. Dadurch wirkt er lebendiger.
Der Löwe ist eine beliebte Identifikationsfigur, und da er auch ein Sternzeichen ist, bietet er sich für Geburtstagskarten an.

Elefanten

Der vielgeliebte Dickhäuter darf in der Sammlung nicht fehlen. Bei diesem Motiv habe ich mich ziemlich genau am wirklichen Elefanten orientiert.
Seinen Körper zeichne ich wieder als Oval. In der Seitenansicht überschneidet der eiförmige Kopf etwas den Körper. Insgesamt sieht man jedoch nicht sehr viel vom Kopf, da das große Ohr ihn zum Teil überdeckt. Die großen, gewellten Ovale bzw. abgerundeten Dreiecke werden nicht ganz geschlossen, sondern bleiben offen, wo das Ohr am Kopf angewachsen ist. Die Falten an den Rändern der Ohren zeichne ich durch kleine Striche ein. Diese Falten unterstreichen ihre Beweglichkeit. In der Seitenansicht schaut das hintere Ohr etwas heraus.
Der lange Rüssel des Elefanten, der auch wieder geriffelt ist, um ihn beweglich erscheinen zu lassen, wird aus der Stirnpartie herausgezogen. Er ist etwa so lang, daß der Elefant damit den Boden berühren kann. Am Kopf ist der Rüssel so breit, daß dadurch automatisch der Mund gezeichnet ist. Der Unterkiefer ist wieder ähnlich einem kleinen Dreieck und wird mit der Bauchlinie verbunden. Bekommt der Elefant Stoßzähne, setze ich diese genau in die Lücke von Ober- und Unterlippe. Das Auge plaziere ich in die Mitte des Kopfes. Seine Beine ragen ein kleines Stück in den Körper hinein. Ich zeichne sie wie Säulen. An der Sohle verbreitere ich den Fuß etwas und deute mit kleinen Bögen seine Zehennägel an. Sein langer, dünner Schwanz bekommt – wie beim Löwen – ein Haarbüschel ans Ende.
Von vorne gesehen wird der Kopf wieder etwas breiter, wo die Stoßzähne herauskommen, da sie ja an einem gleich breiten Knochen angewachsen sind. Der Bauch wirkt etwas kugelig und beide Ohren sind aufgeklappt. Ich zeichne immer alle Beine, auch wenn die hinteren nicht viel zu sehen sind. Der Elefant steht damit einfach natürlicher da. Auch der Schwanz winkt meistens um die Seite.
Durch die Überschneidungen,die sich beim Zeichnen des Elefanten ergeben, ist es sinnvoll, erst einmal eine Vorzeichnung auf einem Blatt Papier zu machen, bevor Sie das Motiv auf Seide malen.

Da der Elefant ein großflächiges Motiv ist, sollte er auch gut plaziert zu sehen sein. Daher ist er ein schönes Krawatten-, Tuch- und Kissenmotiv.

DREIECKTUCH MIT FRANSEN

Da das folkloristisch anmutende Dreiecktuch mit Fransen an seiner längsten Seite nicht gerade, sondern abgerundet geschnitten ist, läßt es sich nicht so leicht auf den Rahmen spannen. Improvisation ist notwendig. Drei Latten schraube ich zu einem Rahmen zusammen. Dann stecke ich das

eine Tuchende so weit wie möglich fest. Auf die glatte, möglichst nicht verzogene Fläche konturiere ich Elefanten. Nach dem Antrocknen versetze ich die Fläche so weit, daß wieder ein paar Elefanten gezeichnet werden können. Schritt für Schritt fülle ich das Tuch. Wenn alle Elefanten versammelt sind, nadle ich das Tuch etwas großflächiger auf den Rahmen. Dabei ist nicht so schlimm, wenn der Stoff leicht durchhängt, denn ich lege geknülltes Packpapier zusätzlich in den Rahmen. Dadurch wird das Tuch etwas angehoben. Nun male ich die Elefanten in drei Grautönen aus. Die Fransen brachten mich auf die Idee, mit weißer Konturenfarbe Gräser in Form von Strichen zwischen den Elefanten wachsen zu lassen.
Mit verschiedenen Rottönen, die ich über das ganze Tuch verteile, fülle ich die Zwischenräume aus. Dabei entstehen schöne Trockenkanten, die an pflanzliche Strukturen erinnern. Die Viskosefransen vertragen ein Fixieren in der Dampfröhre und fallen nach dem Waschen wieder schnell einzeln auseinander.

POMPADOUR-TÄSCHCHEN

Die Täschchen, die mit zwei gegenläufig gezogenen Bändern geschlossen werden, sind aus Satin und gefüttert. Ich fülle sie vor dem Bemalen mit weichem Papier prall aus.
Das Täschchen mit den Elefanten ist farblich kontrastreich. Mit Goldkonturen teile ich die Flächen auf. Die großen Zacken erinnern an Zirkusdekoration.

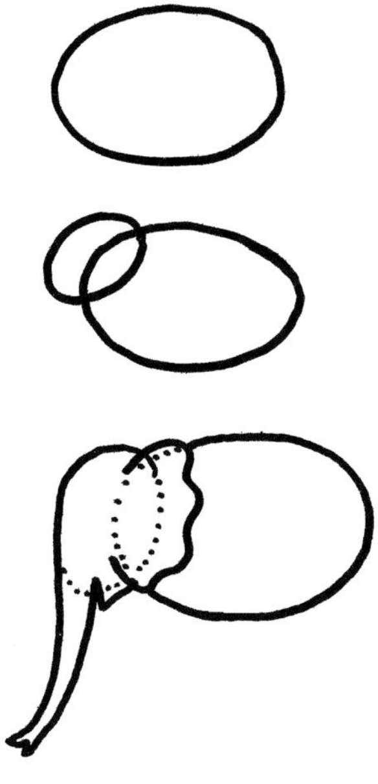

Hühner

Die Körperform meiner Hühner ist im weitesten Sinne aus einem querliegenden Ei entwickelt. Die schmal auslaufende Verlängerung für den Kopf und die nach oben gezackten Schwanzfedern bilden die äußere Kontur. Die Schwanzfedern können in die Innenfläche eingezogen werden. Durch die Überschneidung entsteht Tiefe. Die Flügel zeichne ich aus zwei oder drei Zacken. Die Beine sind nur dünne Linien und sollten nicht zu nah beieinander stehen. Drei gespreizte Zehen, die nach hinten in eine vierte Zehe verlängert werden, geben meinem Huhn die typische Haltung und Standfestigkeit. Die Augen sind wieder kleine schwarze Punkte. Eine kleine rote Zackenleiste als Kamm krönt den Kopf. Der Schnabel ist nur ein kleiner Strich, der nach vorne spitz auslaufen sollte. Sieht man den Schnabel von vorne, ist er punktförmig.

Beim Hahn verlängere ich den Hals und ziehe in großzügigen Schwüngen einige Schwanzfedern. Kamm und Schnabel werden größer als beim Huhn und durch tropfenförmige Lappen unter dem Schnabel ergänzt. Alle Teile des Kopfschmucks gehen ineinander über.

Rita
Elli

Fliegende Vögel

Bei den Vögeln denkt man unwillkürlich ans Fliegen. Deshalb habe ich diese kleinen Himmelsstürmer auf stilisierte Federn mit Köpfen reduziert.
Der Kopf ist wieder – wie beim Huhn – ein länglicher Bogen. Durch schwungvolle Schlaufen rechts und links unterhalb des Kopfes male ich die Flügel. Die Form wird geschlossen, indem wieder fächerartig gestaffelte Bögen die Lücke zwischen den Flügeln füllen. Automatisch haben wir in der Mitte den Vogelkörper. Als nächstes zeichne ich den Schnabel ein, denn das entscheidet, ob sich der Vogel von unten, von oben oder von der Seite zeigt. Malen Sie den Schnabel nicht zu klein, damit er sich gut vom Hühnerschnabel unterscheidet. Er paßt so aber auch besser zum Vogel. Wir können also bei jeder Abbildung durch die Stellung des Schnabels entscheiden, wie wir den Vögel fliegen sehen, obwohl alle von den äußeren Umrissen her die gleiche Position haben.
Die Farbigkeit der Vögel überlassen wir wieder ganz unserer Phantasie.

ÄRMELLOSE BLUSE
Der gerade Schnitt dieser Bluse läßt sich einfach auf den Holzrahmen spannen. Die Längslatten werden zwischen die Blusenteile und die obere Querlatte wird unter die Schulternähte geschoben. Den Saum befestige ich mit ein paar Nadeln an der zweiten Querlatte. So ist die Vorderseite glatt gespannt.
Die Vögel flattern auf der ganzen Fläche in verschiedene Richtungen. Die Rückseite bekommt einen Vogelkranz um den Halsausschnitt. Da die vielen Federn der Vögel ein genaues Ummalen erfordern, kann man mit dem Farbauftrag nicht schnell sein. Trockenkanten treten also auf, auch dort, wo der Rahmen direkt unter dem Stoff liegt. Deshalb löse ich die Farbe nach dem Auftragen noch einmal komplett mit dem Pinsel an, den ich dafür nur in Wasser tauche. Jetzt verteilen sich die Farbpigmente neu und die Übergänge sind weicher. Man kann darin die Struktur eines bewölkten Himmels sehen.
Tip: Bei doppelten Teilen wie Hemdchen, Hosen, Kissen usw. lege ich zum Fixieren eine Lage Papier zwischen Vorder- und Rückseite.

Langbeinige Vögel

Da viele Vögel bessere Läufer als Flieger sind, habe ich auch diese Wesensart besonders herausgestellt.

Fangen wir also mit den Beinen an, die aus einem recht langen Abstrich bestehen. Die drei nach vorne gespreizten Zehen und eine nach hinten ragende Zehe kennen wir schon vom Huhn. Über die Beine ziehe ich eine gerade Linie. Mit abgerundeten oder gezackten Federn, wie beim fliegenden Vogel, fächere ich die Schwanzfedern auf und zeichne mit kleinem Abstand die Federn des einen sichtbaren Flügels daneben. Der Flügel ragt somit in den Himmel. Kreisförmig schließe ich die Form und schon ist der Kopf fertig. Auch hier gibt die Position von Schnabel und Auge an, ob der Vogel nach oben, unten oder zum Betrachter schaut. Dem singenden Vogel klappen wir den Schnabel durch ein gezeichnetes zweites Dreieck auf. Wenn der Vogel fliegen soll, stelle ich dies durch eine veränderte Beinhaltung dar. Parallel zur Bauchlinie kommt aus den Schwanzfedern ein Bein, das hintere schaut hinter den Federn heraus. Wegen des Luftwiderstandes liegen die Zehen im Flug nahe beieinander.

Da das Motiv relativ groß ist, eignet es sich gut für Tücher oder andere großflächige Gegenstände.

WESTCHEN

Die Westchen aus glänzender Satinseide lassen sich gut bemalen. Da sie nur an den Schultern zusammengenäht sind, wird jedes Vorderteil und der Rücken extra auf den Rahmen gespannt. Dabei pinne ich die Nadeln in Nähte und versäuberte Kanten. So sind später kaum Einstiche zu sehen. Wenn die Konturen trocken sind und die Motive – wie bei den langbeinigen Vögeln – ihre Bemalung haben, läßt sich der Hintergrund einfach auftragen. Die etwas dickere Satinseide trocknet nicht so schnell, so daß nicht gleich Trockenkanten entstehen. Wenn ein Teil bis zur Schulternaht ausgemalt und getrocknet ist, kommt das nächste Teil an die Reihe. Nach dem Fixieren, Ausspülen und Bügeln nähe ich die Seitenteile zusammen.

CREPE DE CHINE-SCHAL

Hier ist wieder darauf zu achten, daß die Tiere auf den Schmalseiten stehen und in die Fläche hineinragen, so daß sie den Betrachter immer ansehen.

Schnecken

Schneckenhäuser und komplette Schnecken wandern als nächstes über die Seide. Ein Schneckenhaus ist ein kleines Kunstwerk. Hier wird es vereinfacht dargestellt und nur von vorne gezeichnet. Ich beginne in der Mitte und ziehe spiralförmig die Linie nach außen. Das Original dreht sich immer im Uhrzeigersinn. Aber wir dürfen es auch in umgekehrte Richtung abwickeln. Das Ende der Spirale schließe ich durch eine gerade oder leicht geschwungene Linie. Der Schneckenkörper besteht aus zwei Linien, die mit den beiden Fühlern beginnen und sich im spitzen Hinterteil treffen. Durch eine gebogene Linie verbinde ich die beiden Fühler. Die untere Körperlinie ist ganz zu sehen, während die obere vom Schneckenhaus unterbrochen wird.

SCHNECKENTUCH

Dieses Tuch ist aus Crêpe de Chine und 110 x 110 cm groß. Die Schnecken laufen als Bordüre um den Rand des Tuches und sind in der Innenfläche etwas großzügiger verteilt. Beim Malen dieser Tiere spiele ich mit den Farben. Alle möglichen Konturenfarben werden verwendet und in Punkten, zufälligen Streifen oder vollflächig werden Farben aufgebracht. Diese lustige Mischung wird mit einem neutralen Hintergrund kombiniert: der graubraune Farbton läßt die übrigen Farben leuchten. Da das Tuch sehr groß ist, füllen ganz kleine, einfache Schneckenhäuser aus schwarzer Konturenfarbe zusätzlich die Fläche.
Dieses große Schultertuch läßt sich zu sehr vielem tragen, da die Verbindung durch die vielen Farben im Tuch hergestellt wird.

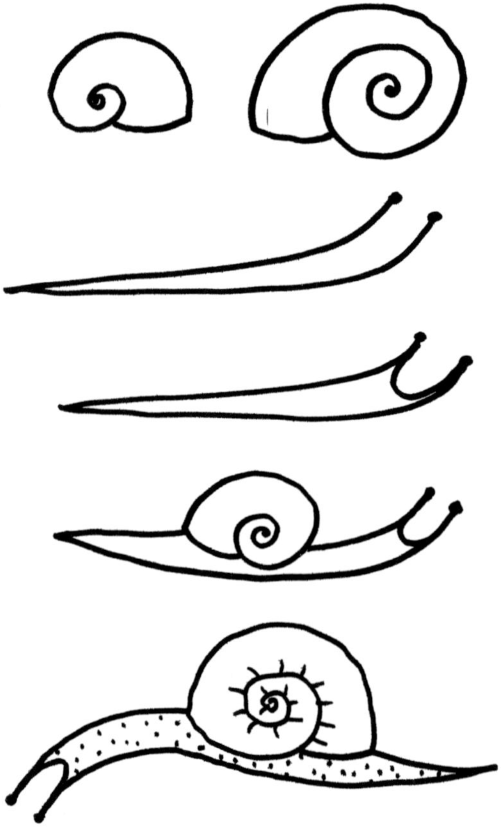

Schweine

Die Begeisterung, die meine gemalten Schweine bei ihren Betrachtern auslösen, läßt sie mich gerne in diese Sammlung aufnehmen.
Den Körper des Schweines entwickle ich aus einem Oval. Wie eine Dose, die zum Körper hin etwas breiter ist, forme ich den Kopf. Hierbei ist es gut, die runde Fläche mit den Nasenlöchern zu zeigen, da es ein typisches Merkmal ist. Knickt man die Dose an der oberen Linie leicht ein, treten Stirn und Rüssel deutlicher hervor. Der lächelnde Mund besteht aus einer gebogenen Linie. Die Schnauze öffnet sich, wenn ich eine dreieckige Fläche daruntersetze, die in die Bauchlinie übergeht. Die relativ großen Ohren sind etwas verzogene Dreiecke. Sie sitzen am Ende des Kopfes. Hier ist etwas Einfühlungsvermögen notwendig. Denn die Ohren können in verschiedensten Anordnungen und Formen richtig aussehen, da sie sich ständig bewegen. Auch das hintere Ohr sollte gut zu sehen sein. Ich lasse es parallel zum vorderen hervorschauen. Oder es ragt in die Höhe, kann aber auch nach vorne flattern. Bei gesenktem Kopf hängen dem Schwein die Ohren natürlich über

die Augen. Die Augen zeichne ich etwa auf der Mitte des Kopfes ein.
Unverwechselbar ringelt sich am Rückenende das Schwänzchen in die Luft. Von dort aus ziehe ich eine Beinlinie an der Körperrundung entlang nach unten, betone durch zwei Zacken das Schweinefüßchen und ziehe den Oberschenkel mit einer gebogenen Linie in den Körper. Versetzt mit einem Schritt nach vorne oder hinten schaut das zweite Bein hervor. Um die Standfestigkeit zu verdeutlichen, zeichne ich bei der Seitenansicht auch beide Vorderbeine.
Von vorne oder hinten betrachtet wird der Schweinebauch rund. Mit dem Ringelschwanz, dem Punkt für den Po und den kurzen Hinterbeinen ist die Rückansicht schon fertig.
Von vorne gesehen kann der Kopf im Körperrund höher oder tiefer plaziert werden. An die schwungvollen Ohren setze ich die Schnauzlinien, die mit der Scheibe für die Nasenlöcher geschlossen wird. So schaut das Schwein leicht nach unten. Wenn es uns direkt ansieht, setze ich unter die Ohren nur das Schnäuzchen. Der Ringelschwanz überragt wieder alles. Hier ist Übung auf einem Extrapapier sicher gut.
Ein Motiv, das Spaß macht und sich besonders für Glückwunschkarten eignet.

BILDER MIT GÄNSEN UND SCHWEINEN

Für diese Bilder verwende ich die etwas dickere Pongéeseide 8. Auf die gewaschene, trockengebügelte und aufgespannte Seide lege ich einen Bilderrahmen und umrande ihn mit etwas größerem Abstand. Dazu kann man Bleistift, Phantomstift oder auch Konturenfarbe verwenden. Letzteres bietet sich an, wenn man den ganzen Hintergrund wie bei den Gänsen einfärben will (so wird die Farbe gestoppt). Innerhalb des Rahmens kann ich nun die Tiere bewußt so verteilen, daß sie im fertigen Bild eine harmonische Gruppe bilden. Durch die unterschiedlichen Darstellungen entsteht Abwechslung. Kleine, gebündelte Striche deuten Gras an.
Um die Schweinewiese lasse ich einfach einen breiten Rand unbemalte Seide stehen. Dies hat den Effekt eines Passepartouts. Als grafisches Element ziehe ich mit ein paar Längs- und Querstrichen einen einfachen Zaun am oberen und unteren Wiesenrand.
Wenn das Bild bis zur Rahmung fertig ist, wird auf einen etwas dickeren Karton doppelseitige Klebefolie aufgezogen. Sie sollte etwas größer sein als das Seidenbild. Die Plastikfolie wird auf der oberen Klebeschicht leicht abgehoben und umgeklappt. An diesem schmalen Streifen wird das Seidentüchlein aufgelegt und mit den Fingerspitzen angedrückt. Dann wird vorsichtig die Folie weitergezogen und die Seide auf die Klebeschicht gedrückt. Wenn die Seide dünn ist, verzieht sie sich leicht und es wird schwieriger, sie aufzuziehen. Jetzt lege ich die Glasscheibe meines Rahmens auf das Bild und suche den besten Bildausschnitt, denn der Konturenrand war ja etwas größer als das Endformat. Mit einem scharfen Cutter schneide ich an der Glasplatte entlang, danach lege ich das genau passende Bild in den Rahmen.

GRUSS- UND TISCHKARTEN

Grußkarten mit einem handbemalten Seidenbild sind kleine Kostbarkeiten.

Gerade Karten mit Motiven symbolhaltiger Tiere eignen sich bestens für verschiedene Anlässe: Sternzeichen wie Löwe und Fische oder das Schwein als Glücksbringer zum Geburtstag oder auch ein Katzen-Gruß. Auf größte Nachsicht werden verspätete Grüße treffen, wenn sie mit einer Schnecke als Boten überbracht werden.

Praktisch ist es, gleich ein großes Stück Seide, das für mehrere Karten ausreicht, aufzuspannen. Dann zeichne ich mit einer Konturenfarbe ein Gitter auf die Seide. So entstehen die einzelnen Flächen für jede Karte. Für die Maße nehme ich eine Karte als Hilfe. Dann male ich die Motive auf. Die Konturenfarbe, mit der ich die einzelnen Flächen begrenzt habe, verhindert ein Überlaufen der Farbe, falls ich den Hintergrund – wie bei den Löwenkarten – ganz eingefärbt habe.

Nach dem Fixieren wasche ich die überschüssige Farbe aus und bügle die Seide von links bei Baumwolltemperatur.

Nun schneide ich an den Konturenlinien entlang die einzelnen Kartenbilder aus. Die Seidenbilder müssen natürlich etwas kleiner sein als die Doppelkarten, die ich mit Umschlag gekauft habe. Allerdings kann das Format der Bilder anders sein, z. B. schmaler, kürzer, quadratisch. Mit Fixogum, einem Spezialklebstoff für Papier, ziehe ich eine dünne Klebespur auf die Karte; dort wird das Seidentüchlein dann mit seiner Oberkante aufgelegt. Es klebt also nur am oberen Rand fest, der Rest bleibt lose. Dadurch wird das stoffliche Material noch einmal deutlich. Außerdem ist der Aufwand nicht so groß.

Soll die Karte gerahmt werden, drückt die Glasplatte das Seidenstück fest. Natürlich kann dann auch ein Passepartout um das Motiv gelegt werden, denn an den Schnittkanten lösen sich gerne ein paar Fäden, die jedoch nur herausgezogen werden müssen, um das Bild wieder akkurat erscheinen zu lassen. Deshalb sehe ich darin keinen Nachteil.

Sorgfältig muß die Karte beim Versenden in den Umschlag gesteckt werden, damit der Stoff keine Falten bekommt.

Bei den Tischkarten gehe ich genauso vor. Dazu kaufe ich etwa 200 g/qm starken Karton, den ich passend zuschneide. Auf die Hälfte geknickt, steht die Karte wie ein Dach. Der etwas kleinere Seidenstreifen wird wieder mit einer schmalen Klebelinie am oberen Rand festgetupft. Der Klebstoff drückt nicht durch und macht keine Flecken.

In meinen Beispielen habe ich die Namen gleich auf die Seide geschrieben. Wer auf Vorrat Kärtchen machen möchte, schneidet das Seidenbildchen etwas kleiner, so daß daneben noch Platz bleibt, um den Namen auf den Karton zu schreiben.

Markus
Tina
Sebastian
Helga
Niko
Anne
Monika

GÄNSE

Wenn Sie sich mit den Hühnern schon vertraut gemacht haben, wird Ihnen das Malen von Gänsen leicht fallen.
Der Körper wird genauso wie der von Hühnern gezeichnet, hier allerdings mit längerem Hals. Und der Kopf bekommt, anders als beim Huhn, eine leichte Kugelform. Die Augen sind, wie bei allen Tieren, kleine Punkte. Fallen sie zu groß aus, wirken sie wie Löcher.
Der Schnabel ist ein verzogenes Dreieck und sollte am Nasenrücken etwas verdickt werden. Und das gelingt am besten mit einem Anfangstropfen Konturenfarbe. Von vorne gesehen ragt der Schnabel als Dreieck nach unten. Bei geöffnetem Schnabel wiederholt sich das Dreieck, allerdings noch etwas schmaler. Die Blickrichtung der Gans entscheidet, wohin wir den Schnabel zeichnen.
Das Bein zeichne ich wieder als dünnen Strich wie beim Huhn, dazu eine dreieckige Fußfläche. Dabei gliedert sich die vordere Seite in drei Zehen auf, die mittlere als längste. Malen Sie auch hier die Beine nicht zu nahe nebeneinander. Denn auch in Wirklichkeit sitzen die Beine rechts

und links am Rand des Brustkorbes. Dadurch kommt der watschelnde Gang zustande. Und den soll man aus der Zeichnung spüren. Bei einer Seitenansicht sollte das hintere Bein etwas verkürzt werden, so entsteht mehr Räumlichkeit.

TISCHBAND MIT GÄNSEN

Das Tischband ist ca. 12 cm breit und 150 cm lang, so daß man es zwischen den schmal zusammengeschraubten Rahmen pinnen kann. Die Gänse lasse ich wieder von der Mitte aus in die Spitze laufen, so gehen sie auf dem Tisch der Tischkante entgegen. Da das Weiß der Seide zur Farbe der Gans wird, muß darauf geachtet werden, daß die Konturen ganz geschlossen sind. Das schmale Band wird dann mit Farbe ausgemalt. Man sollte auch darauf achten, daß der umsäumte Rand genug Farbe bekommt. Besonderen Spaß macht es, das Tischband mit einer Farbe zu versehen, die im gedeckten Geschirr vorkommt.

BROTKORB-TÜCHLEIN

Ein Einstecktüchlein aus etwas dickerer Seide diente mir für diesen Zweck. In jede Ecke setze ich eine schwarz konturierte Gans und lege mit einem Pinselstrich eine kleine grüne Insel unter ihre Füße. Da bei Fettflecken heiß gewaschen werden muß, ist es vielleicht besser, hierfür statt Seide ein Baumwolltüchlein zu nehmen und es mit Stoffmalfarbe zu bearbeiten. Auch Servietten sehen dann mit diesem Motiv schön aus.

SCHMETTERLINGE

Schmetterlinge stelle ich nur von zwei Seiten dar, von rechts und von links. Ich beginne mit den Fühlern. Die etwas dickeren Endpunkte der Fühler ergeben sich durch das Ansetzen der Konturendüse. Zwei schwungvolle, leicht parallel laufende Linien treffen sich. An sie schließt sich der Körper an. Er besteht aus einem etwas dickeren Vorderteil, das ich male, indem ich einfach mehrmals mit dem Konturenstift hin- und herziehe. Durch Verlängern der letzten Linie nach hinten habe ich das dünnere Hinterteil. Die Flügel zeichne ich aus vier kreisähnlichen Bögen, wobei zwei größer und zwei kleiner sind. Sie überschneiden sich und vermitteln somit Zartheit und Transparenz. Falls das Material sehr dünn ist, wie z. B. Chiffon, umfahre ich die Flügelformen ein zweites Mal. Ich zeichne die Schmetterlinge immer sehr locker und schnell. Dadurch entsteht eine schöne Ungleichmäßigkeit, die die Tiere „flattern“ läßt.
Ton in Ton ausgemalt oder nur linear auf einen farbigen Hintergrund gesetzt, wirken diese zarten Gebilde besonders schön auf Gegenständen im Dekobereich wie Gardinen oder Kissen.

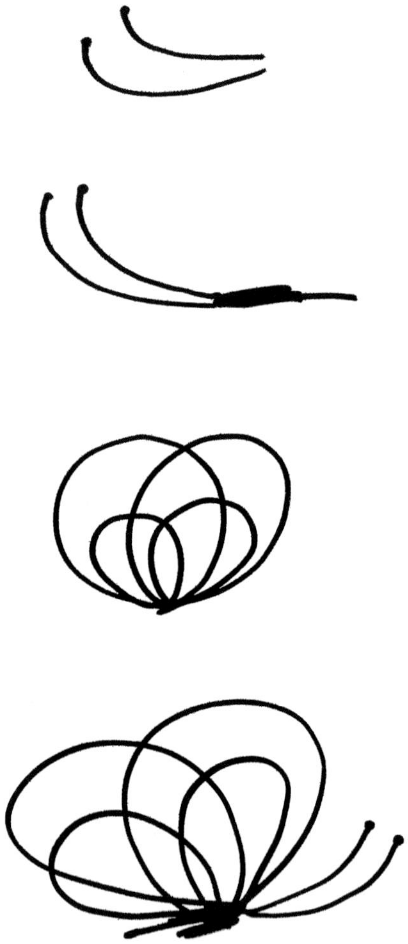

CHIFFONSCHAL
Den großen Chiffonschal ziehe ich vor dem Bemalen durch kaltes Wasser, bügle ihn bei Baumwolltemperatur trocken und spanne ihn auf einen Holzrahmen. Mit einem breiten Pinsel und großzügigem Strich male ich dann Blätter und lila Tulpenblüten darauf. Ist die Farbe trocken, verteile ich ziemlich dicht auf den ganzen Schal die Schmetterlinge. Damit man auf dem dünnen Material das Motiv auch gut sehen kann, mache ich die Körperchen etwas dicker und ziehe die Fühler und Flügel zweimal nach. Durch die Grundierung mit Blüten und Blättern werden die Schmetterlinge automatisch farbig.

KISSEN
Die fertig genähten Kissen stopfe ich mit weichem Papier dick aus, damit die beiden Kissenhälften getrennt bemalt werden können. Wieder gehe ich gleich mit der fließenden Farbe auf den Stoff. Erst male ich grüne Striche, die sich mit gelben bzw. blauen Strichen im Hintergrund vermischen. Sie stellen den Wiesengrund dar. Mit Hellblau fülle ich den Hintergrund und mit weinroten Strichen wachsen unterschiedlich geformte Blütendolden auf dem einen Kissen. Ist der Stoff getrocknet, setze ich mit goldener Konturenfarbe auf beide Kissen noch Pünktchen als Staubgefäße der Blumen. Nun zeichne ich mit lila und goldener Konturenfarbe die Schmetterlinge ein, die durch den farbigen Hintergrund wieder ihre Farbe bekommen. Die Papierfüllung nehme ich erst nach dem Trocken wieder heraus.

Seepferdchen

Bei den Seepferdchen beginne ich mit der Linie, die vom Kopf über den Rücken in den Schwanz verläuft. Sie besteht aus lauter kleinen Zacken. Dann zeichne ich die einwärts gebogene Nasenlinie. Am Schnäuzchen bekommt sie wieder eine kleine Zacke. Die Linie des Unterkiefers endet schwungvoll als Wange. Die Vorderseite des Körpers beginnt als schmaler Hals, verbreitert sich in einen halbkreisähnlichen Brustkorb und verläuft dann fast parallel zur gezackten Schwanzlinie bis in die Spitze. Das schwarze Pünktchen für das Auge ist ein schöner Kontrast für das helle Tierchen.

Die kleine Schwanzflosse darf am Rücken nicht fehlen. Wie ein Krönchen kommt sie zwischen zwei Zacken heraus. Ich strukturiere den Körper wieder mit einzelnen Strichen, Punkten und Zickzacklinien. Zur Abwechslung rolle ich den Schwanz auch nach hinten, meist jedoch nach vorne. Beim Ausmalen der Form lasse ich auch gern etwas frei, dadurch entsteht wieder ein räumlicher Effekt.

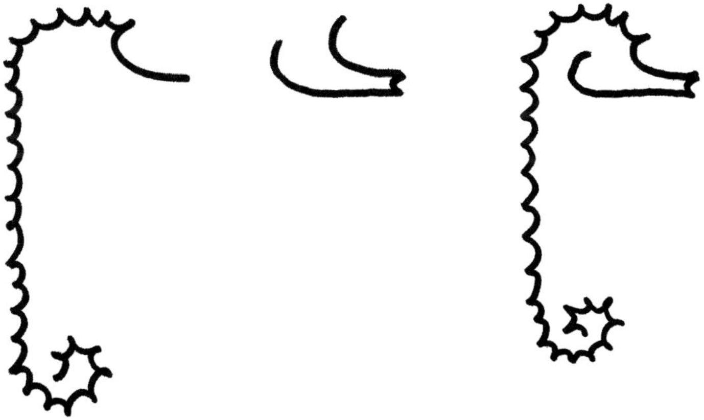

SHORTS MIT LÖWEN UND SEEPFERDCHEN

Die Shorts lassen sich wegen des Bundes und der breiter werdenden Form am Bein nicht in den Holzrahmen spannen. Daher stopfe ich sie mit Papier aus. Es ist wichtig, daß das Bündel gut vor einem liegt und nicht mehr verschoben werden muß. Mit dem Konturenmittel werden nun die Löwen auf die eine Hosenbeinhälfte aufgemalt. Beim Gummizug muß vorsichtig gezeichnet werden, damit sich die Stoffalten nicht berühren und dadurch die Zeichnung abgedrückt wird. Auch sollte sich das ausgestopfte Papier nicht mehr verschieben, da die noch nasse Konturenfarbe sonst von innen verwischt wird. Wenn die Konturen trocken sind, drehe ich das Ganze etwas und bemale das nächste halbe Hosenbein. Anschließend kommt die Rückseite dran. Es dauert also recht lange, bis alle Löwen auf die kurze Hose gezeichnet sind. Nun können mit dem Pinsel die Tiere ausgemalt werden.

Bei der Hose zum Strandanzug mit Seepferdchen gehe ich ebenso vor. Nach dem Ausstopfen mit Papier zeichne ich die Seepferdchen und Wasserpflanzen mit Konturenfarbe. Wenn Sie im Zeichnen der Motive noch nicht so sicher sind, empfiehlt es sich, mit der Rückseite der Hose zu beginnen. Nach dem Trocknen male ich die Formen aus. Dann mische ich mir eine größere Menge Farbe für den Hintergrund. Mit einem dicken Pinsel male ich zügig die Fläche rund um die Motive aus. Ich beginne an einer Seitennaht, die mir als Farbstopper dient. An dieser Stelle fällt eine Trockenkante kaum auf. Nun gehe ich mit dem Pinsel auf und ab und schließe so die Motive mit Hintergrundfarbe ein. Ich bleibe jedoch möglichst immer auf einer Ebene, damit die Farbe nicht an einer Stelle antrocknet, während ich an einer anderen weiterarbeite.

Durch das zügige Arbeiten und die viele Farbe auf der Satinseide kann es natürlich vorkommen, daß etwas Farbe in ein Motiv fließt. Auch muß das unhandliche Paket gedreht werden, aus dem das Papier nicht herausfallen sollte. Erst nach dem Trocknen nehme ich deshalb das Papier wieder heraus.

Das hübsche Motiv eignet sich natürlich sehr gut für sommerliche Kleidung. Darum habe ich es auf diesen Strandanzug gemalt.

TRÄGERTOP MIT SEEPFERDCHEN

Das Satintop läßt sich gut über den Holzrahmen spannen. Die geraden Flächen liegen direkt an den Holzleisten an, wobei der Saum an der unteren Querlatte mit ein paar Nadeln strammgezogen wird. So lassen sich die Motive gut aufbringen und ausmalen. Der Farbauftrag für den Hintergrund wird wieder von einer Naht zur anderen gezogen.

POMPADOURTÄSCHCHEN

Dieses Täschchen ist (wie das mit dem Elefanten-Motiv bemalte) aus Satin und gefüttert. Zum Bemalen fülle ich es mit weichem Papier aus. Die Seepferdchen zeichne ich mit weißer Konturenfarbe und male nach dem Trocknen sowohl Motive als auch Hintergrund mit viel fließender Farbe aus. Mit dunkler Zusatzfarbe hebe ich die Seepferdchen von ihrem Hintergrund ab.

PINGUINE

Die kleinen Pinguine lassen sich sehr leicht zeichnen. Kopf und Körper ergeben eine Kegelform. Da der Kopf schwarz und der Bauch weiß ist, wird eine Trennungslinie gezogen, die aus dem Bauch wieder eine Eiform werden läßt. Am besten ist es aber, wenn man mit einem kleinen schlaufenförmigen Flügelchen beginnt, die Linie über den Halsbereich weiterzieht und im zweiten Flügelchen endet. Eine kleine Schwanzspitze, seitlich oder mittig am unteren Ende plaziert, ergänzt den Körper.
Damit der von Natur aus schwarze Schnabel auch auf dem schwarzen Kopf zu sehen ist, lasse ich ihn nach rechts oder links aus dem Kopf herausragen. Die Augen sind aus schwarzer Konturenfarbe und müssen durch ihren Glanz wirken oder werden blau gepunktet, was ja auch gut zu den Bewohnern der Arktis paßt. Die Beine sind genauso wie die bei den Gänsen zu zeichnen.

KOSMETIKTÄSCHCHEN
Das kleine, rechteckige Täschchen mit Reißverschluß ist mit Steppnähten in Rauten unterteilt, in die ich die Pinguine zeichne. Die Flächen werden zu kleinen Eisbergen, indem ich sie in verschiedenen Blautönen ausmale. Damit die Farbe nicht überfließt, ziehe ich mit blauer Konturenfarbe die Steppnähte nach.

KLEINES TUCH
Dieses Tuch hat die Größe von 55 x 55 cm. Die Pinguine laufen aus der Tuchmitte heraus kreisförmig auf die Ecken zu. Sie sind so klein gemalt, daß sie auch beim gebundenen Tuch noch überall zu sehen sind.

Fische

Sehr einfach läßt sich der Fisch zeichnen. In seiner schlichtesten Form besteht er nur aus drei Linien und einem Punkt. Durch Überschneiden der konfex und konkav geschwungenen Linien im hinteren Drittel entsteht der Körper und die Schwanzflosse. Diese schließe ich durch einen Abstrich.

Der Punkt für das Auge verleiht dem Fisch Ausdruck, denn die Wirkung ist unterschiedlich, ob ich den Punkt oben, in die Mitte oder weiter unten plaziere. Dies gilt natürlich für alle Tiere.

Diese schlichte Form bekommt Leben, wenn wir sie vervielfachen. Die Fische staffle ich so dicht, daß sie sich zum Teil überschneiden. So entsteht der Eindruck von einem quicklebendigen Schwarm.

Andere Fischarten entstehen dadurch, daß die Schwanzflosse verlängert und durch eine fast parallele Linie geschlossen wird. Oder ich zeichne Schwanzflossen, die wie eine Wiederholung des Fischkörpers aussehen. Immer wieder anders sehen Fische aus, wenn Brust- und Rückenflossen variiert werden oder auch einfach durch unterschiedliche Farbgebung.

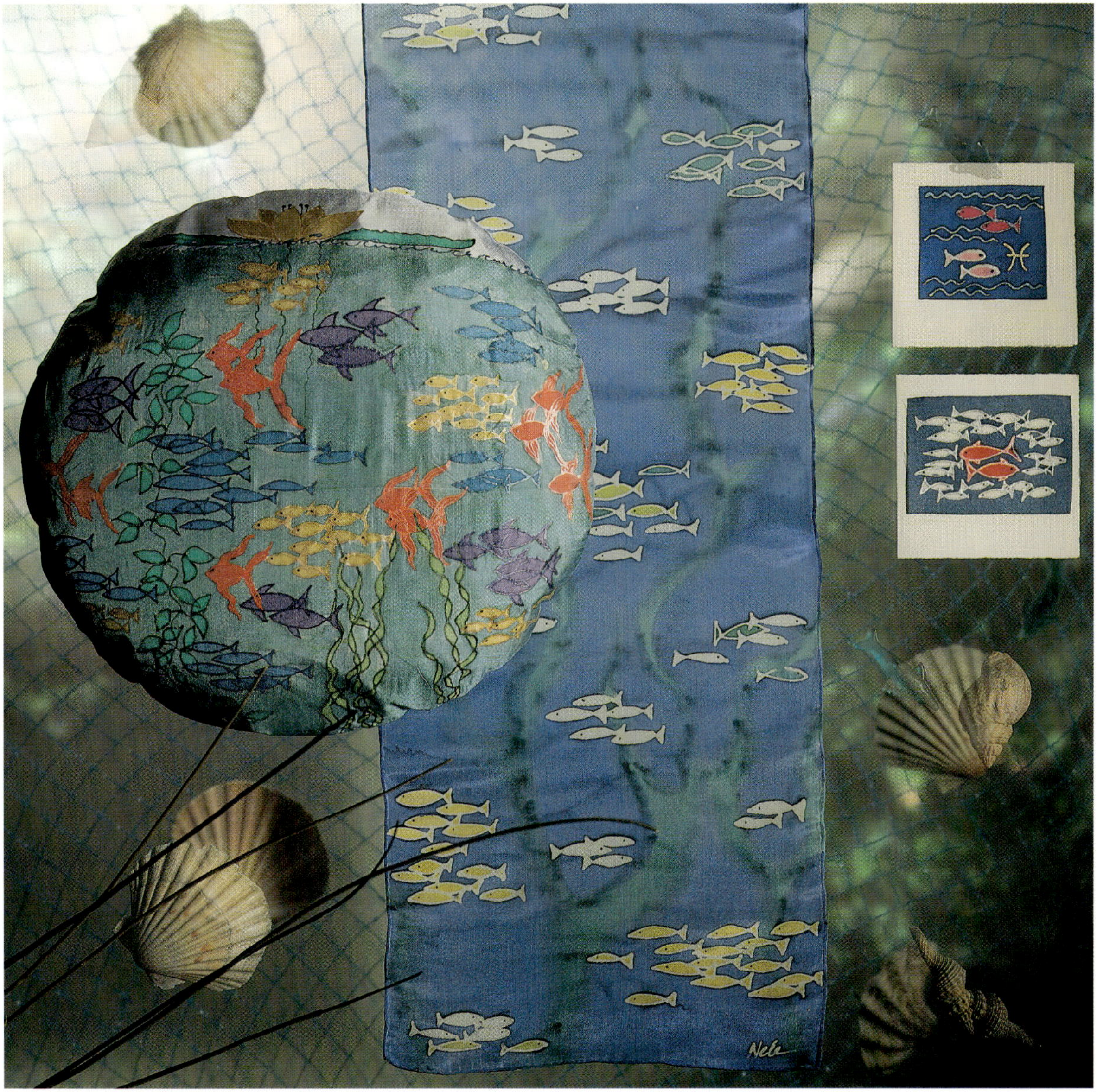
Nele

Auch hier wirken die Fische lebendiger, wenn sie ungleichmäßig gezeichnet werden.
Wasserpflanzen „wachsen" auf einem Kissen, das wie ein rundes Aquarium aussieht. Einmal sind es zwei lange, geschlängelte Linien, die sich mehrmals kreuzen. Zum anderen sind es wieder der Fischform ähnliche Gebilde, die an einer Linie angebunden sind. Auch die Seerose habe ich mit fischförmigen Blütenblättern gemalt und die grünen Blätter, auf denen die Seerose sitzt, hat die gleiche Form, ist nur etwas länger ausgezogen.

RUNDES KISSEN MIT FISCHEN
Nachdem das runde Kissen prall mit weichem Papier ausgestopft ist, ziehe ich mit blauer Konturenfarbe die Wasserkante ein. Danach plaziere ich die Fischschwärme in verschiedenen Ausführungen und Farben. In die Freiräume wachsen nun die Wasserpflanzen und die Seerose. Nach dem Ausmalen der Motive pinsele ich die Wasserfläche aus, von einer Nahtkante zur anderen. Die Rückseite bekommt auch eine Wasserkante, die mit der vorderen verbunden ist. Danach fülle ich sie mit Farbe.

FISCHESCHAL
Der zarte Schal aus Pongée 6 bekommt seine Fische mit farbloser Gutta aufgemalt. Nach dem Trocknen fülle ich verschiedene Fische farbig aus. Die meisten lasse ich leer. Die Augen machen die Fische lebendig. Mit grüner Farbe ziehe ich pflanzenähnliche Linien zwischen den Fischschwärmen hindurch. Mit viel dunkelblauer Farbe wird die restliche Fläche eingefärbt. Dadurch wird das Grün wieder aufgelöst und vermischt sich zum Teil mit dem Blau. Nach dem Fixieren wäscht man die Guttalinien aus und bekommt ganz weiße bzw. weiß konturierte Fische. Die Konturen bleiben etwas weicher und passen gut zum verschwommenen Hintergrund.

MUSCHELN

Vielleicht haben Sie auch von einer Reise ans Meer ein paar Muscheln mitgebracht und malen sich nun das schönste Urlaubssouvenir: ein Muscheltuch. Wenn man sich den Aufbau dieser kleinen architektonischen Kostbarkeiten klarmacht, ist das Zeichnen gar nicht mehr schwer.
Die Kamm-Muschel sieht aus wie ein Fächer. Ich ziehe daher zuerst das Halbrund und verbinde dann die Enden durch kleine gebogene Linien. Die so entstandene Spitze bekommt rechts und links zwei kleine Ösen angemalt. Die gefächerten Linien lasse ich etwas außerhalb der Form beginnen. Dadurch entsteht der Eindruck von Riffelung. Alle Linien treffen in der Spitze zusammen. Beim Ausmalen der Muschel kann man jeden Freiraum farbig machen oder mit allen Techniken, die Ihnen geläufig sind, wie Naß in Naß, Naß auf Trocken oder nur halb ausgemalt, verfahren. Hier darf wieder gespielt werden. Dies gilt für alle Muscheln und Schnecken.
Die halbrunde Herzmuschel ist im Prinzip gleich. Die Spitze liegt seitlich, in der alle Linien bogenförmig zusammentreffen.
Die Form der Kegelschnecke

sieht aus wie eine Vase mit Deckel. Der Deckel ist durchgestuft oder spiralförmig. Die Vase ist langgezogen und verjüngt sich am Ende. Es gibt gerade oder bauchig verlaufende Körper. Der Anfang der gedrehten Form wird deutlich durch eine parallel verlaufende Linie an der rechten Seite. Ich fülle die Fläche durch schräg verlaufende Linien, wie sie das Original vorgibt.
Auch die Turmschnecke läßt sich einfach nachzeichnen. Ich beginne mit einem kleinen Kreis als Spitze. Dort hakt sich wie ein Metzgerhaken ein S ein. Eine kleine Verbindung macht die Spitze perfekt. Nun staffle ich weitere S-Formen untereinander. Sie werden immer etwas größer. Das unterste S schließe ich mit einer Linie. Eine parallel verlaufende Innenlinie macht den Eingang deutlich. Die farbige Gestaltung bleibt wieder ganz Ihrer Lust und Laune überlassen.

MUSCHELTUCH

Die Muscheln habe ich, wie auch die Schneckenhäuser, auf eine dünne Pongéeseide gemalt, da es ein Sommertuch ist. Die unterschiedlichen Meerestiefen, gebe ich farblich in Blau- und Grüntönen auf meinem Tuch wieder. Ich mische die einzelnen Farben spontan und male sie in breiten Streifen diagonal zum Tuch auf. Am besten mischt man alle Farben erst einmal an, damit beim Auftragen keine Verzögerung entsteht. Jede neue Farbe wird im Grenzbereich mit dem Pinsel etwas in die vorhergehende eingerieben. So entsteht ein fließender Übergang und trotz einer Farbfamilie ist ein schöner Kontrast möglich.

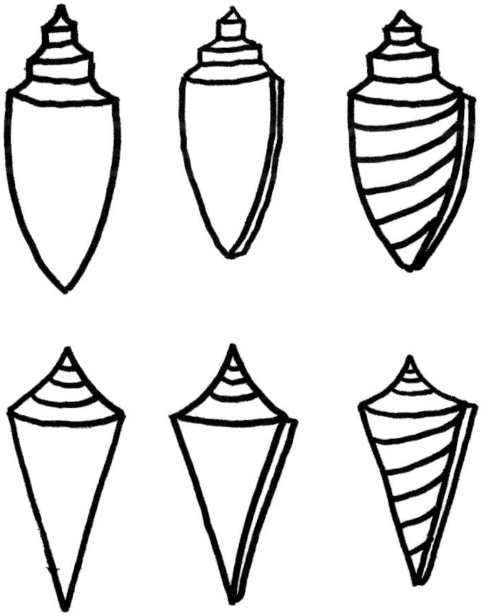

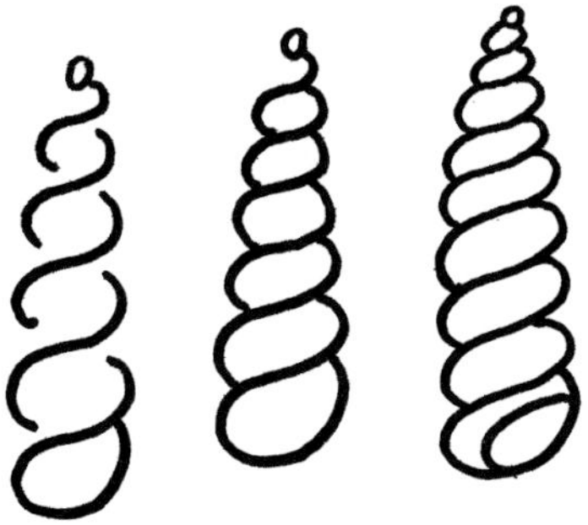

Hasen

Der Hase bekommt in zusammengekuschelter Haltung und wenn er aufrecht sitzt den gleichen Körper wie die Katze. Kugelförmig sitzt sein Schwänzchen am Rückenende. Der etwas eiförmige, längliche Kopf wird von seinen recht großen Ohren gekrönt. Abgeknickte Ohren machen ihn noch etwas liebevoller. Die Nase zeichne ich mit zwei kurzen, geraden Strichen etwas unterhalb der Mitte des Kopfes ein. Wie beim Löwen ziehe ich danach die Bögen für das Schnäuzchen und gebe ihm seine Barthaare. Das Gesicht ist wie bei der Katze, jedoch mit dem Unterschied, daß die Nase nicht als kleiner Bogen gezeichnet ist, sondern durch zwei kurze Geraden.

In der Seitenansicht sehen wir nur einen Strich als Nase und einen Bogen als Schnäuzchen.

Wenn er schnell davonläuft, zeichne ich die Hinterbeine von Meister Lampe gestreckt als Verlängerung zum Körper. Die etwas kürzeren Vorderbeine ebenfalls. Ich male den Hasen, ähnlich wie in der Natur, in einem warmen Braunton, da mir bei ihm Verfremdungen nicht passend erscheinen.

IGEL

Den Igel gestalte ich ähnlich wie die Maus. Die Nase läuft jedoch nicht gerade, sondern gebogen zur Grundlinie. Auch hier wird ein farbiger Punkt zur Nasenspitze. Das Stachelkleid strichle ich mit vielen kurzen Linien kreisförmig von der Stirn bis zur Grundlinie. Die Fläche für den Körper fülle ich zum Gesichtchen hin mit weiteren kleinen Strichen. Sie sollten jedoch nicht zu eng beieinander liegen, da sonst alles schwarz zuläuft. Das Gesicht ist die Fläche zwischen den beiden anfangs gezogenen Linien. Am Rand zu den Stacheln ziehe ich in einem kleinen Bogen das Ohr und zur Nasenlinie hin wird das Auge plaziert. Beim Ausmalen mit Farbe passe ich auf, daß sie mir nicht über die Stacheln hinausläuft. Im Gegenteil, wenn noch kleine weiße Zwischenräume freibleiben, wird die Struktur interessanter. Von vorne wird das Gesicht von zwei gebogenen Linien begrenzt und der dahinterliegende Körper wieder halbrund geschlossen. In die Gesichtsfläche zeichne ich die Ohren und Augen ein sowie den Punkt für die Nasenspitze. Das Stachelkleid lasse ich an der Stirn in kleinem Rund enden, so wirkt der Igel – frontal gesehen – sehr plastisch.

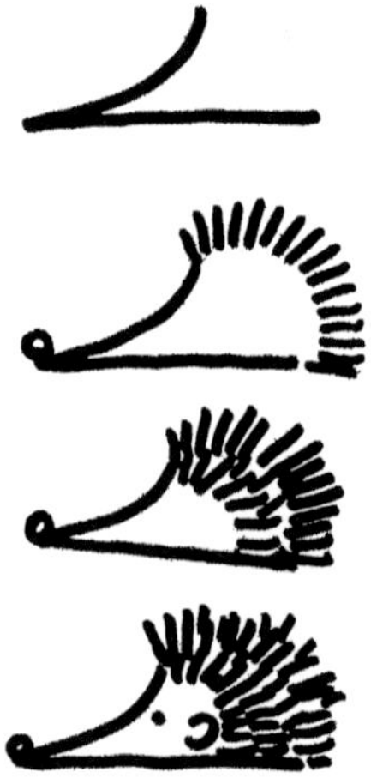

TUCH MIT HASEN UND IGEL

Auch dieses Tuch hat die Größe von 55 x 55 cm. Hier habe ich an die Geschichte vom Wettlauf zwischen Hase und Igel gedacht. Der weiß gebliebene Rand und das Mittelfeld sind die Rennbahn. Die grüne Farbe als Begrenzung wird ohne Konturenfarbe mit dem Pinsel aufgetragen. Sie fließt unregelmäßig aus und ergibt dadurch den schönsten Rasen. Kleine rote Konturentupfen assoziieren Blumen und beleben die Fläche.

EINKAUFSTASCHEN

Die Tasche mit Hase und Igel ist wie die mit den Bären aus der groben Wildseide genäht. Mit Papier ausgestopft, kann man sie von Größe und Form her gut bemalen. Durch die eingewebten dicken Fäden, die typisch für die Wildseide sind, schließt die Konturenfarbe das Stoffgewebe nicht immer völlig. Man kann deshalb, wenn die Kontur getrocknet ist, den Beutel nach links drehen und die Konturen nochmals von links nachziehen. Zurück auf die rechte Seite gedreht, kann beim Ausmalen der Motive trotzdem etwas Farbe ausfließen. Dadurch wird der Fellcharakter von Bär und Hase jedoch unterstrichen. Beim Bemalen merkt man, mit welcher Farbmenge im Pinsel zu arbeiten ist. Einerseits braucht die dicke Seide viel, im Randbereich jedoch eher wenig Farbe, da sie ja noch etwas weiterläuft.

Biographische Daten

Kornelia Holocher, geboren am 12. September 1953 in Hechingen, Württemberg.
Nach der mittleren Reife Ausbildung und sieben Jahre Tätigkeit als Arzthelferin.
1981 Fachhochschulreife in Münster.
1981–1986 Studium an der FH für Gestaltung in Münster mit dem Schwerpunkt Illustration und Plakat.
Danach als Grafikerin in Werbeagenturen und Verlagen tätig.
Seit 1987 Seidenmalerei als Hobby.
Lebt seit 1989 in Au bei Freiburg.
Seit 1992 selbständig als Seidenmalerin, zeichnet mit dem Namen „Nele". Erarbeitet im eigenen Atelier hauptsächlich Krawatten, Tücher und Bilder. Hierbei können die Auftraggeber alle Wünsche äußern. Vom persönlichen Hobby bis zum Firmenlogo setzt sie alle gewünschten Ideen mit Witz und Genauigkeit um.

Fotografie: Ramesh Amruth, Freiburg
Styling: Manuela Wurch
Reproduktionen: Bär Repro, Friesenheim
Gesamtherstellung: Freiburger Graphische Betriebe
ISBN 3-89102-285-9